¡Apúntate a la lectura!

AF217756

Manuel Vila Baleato

Tú no sabes quién soy

¡Apúntate a la lectura!

Manuel Vila Baleato: Tú no sabes quién soy

Redaktion: Claudia Kolitzus, Berlin

Illustrationen: Rafael Broseta
Umschlagfoto: © Veer/Alloy Photography
Gesamtgestaltung und technische Umsetzung: werkstatt für gebrauchsgrafik, Berlin

www.cornelsen.de

1. Auflage, 6. Druck 2024

Alle Drucke dieser Auflage sind inhaltlich unverändert
und können im Unterricht nebeneinander verwendet werden.

© 2013 Cornelsen Schulverlage GmbH, Berlin
© 2016 Cornelsen Verlag GmbH, Mecklenburgische Str. 53, 14197 Berlin,
E-Mail: service@cornelsen.de

Druck: H. Heenemann, Berlin

ISBN 978-3-06-024347-1

Seguramente ya conoces a …

Diego

Marcela,
Lucía y
Pablo

En esta historia también vas a conocer a …

Claudia,
la nueva
«amiga virtual»
de Diego

Cristina,
la hermana pequeña
de Claudia

Sergio,
un antiguo novio
de Claudia

Hugo,
un compañero de
instituto

Alicia,
la vecina de Claudia

1. ¡Adiós México lindo!

¿Irse de México? Diego escuchaba casi todas las noches como sus padres hablaban de España. Él sabía perfectamente que no discutían sobre las próximas vacaciones de verano, sino de vivir «de verdad» en Madrid. Cuando llegó el día en que por fin sus padres hablaron con él y con su hermana Laura, los dos no dijeron nada durante unos segundos. Por la cabeza de Diego pasaron un montón de imágenes de su vida en su pueblo y después dijo:

Diego: ¿España? Yo no conozco a nadie en Madrid y mis amigos viven acá en Puerto Ángel, ¿por qué tenemos que irnos? ¿No podemos quedarnos?

Diego ya no escuchó las explicaciones[1] de su madre sobre el trabajo fantástico de su padre en la capital de España, sobre un nuevo país, nuevos amigos, una cultura diferente y un mundo con muchas oportunidades[2] para toda la familia. Diego pensó: *«¿Cómo pueden hacerme algo así? ¡No es justo!»*

Las siguientes semanas pasaron volando y por fin llegó el día en el que la familia tomó el avión en

Ciudad de México. Cuando llegaron a Madrid, después de casi 11 horas, Diego pensó: «*Mi nueva vida acaba de empezar*».

Ya en su nueva casa, en el centro de Madrid, se acostaron, pero Diego no pudo dormir, aunque estaba muy cansado. Una y otra vez Diego se preguntaba qué hacía él en aquella ciudad. Sus padres y Laura estaban con él en Madrid, pero en México se quedaban Ernesto y Gael, sus mejores amigos, los fines de semana en la casa de los abuelos, la playa, las tortillas de la fonda de la esquina … Durante un momento casi echó de menos su instituto y sus profesores de siempre.

En Madrid todo era nuevo para él: el barrio, el instituto, sus compañeros … Diego no conocía a nadie y estaba un poco nervioso.

Por fin pudo dormir. Hacía muchísimo calor. Dos horas más tarde se despertó de repente, cuando soñaba que estaba frente a su nueva clase: Diego llevaba su pijama y estaba delante de la pizarra, mientras todos sus compañeros se reían de él.

---

1 la explicación *die Erklärung*
2 la oportunidad *die Möglichkeit, die Gelegenheit*

2. ¡Hola España!

Durante los primeros días Diego aprendió muchísimo sobre su nueva ciudad, de la que antes sólo conocía su equipo[1] de fútbol, el Real Madrid. ¡Y él odiaba el fútbol!

Al contrario que Puerto Ángel, Madrid era una ciudad moderna y con muchos rascacielos, tiendas, cines, teatros, museos … En México la familia vivía en una casa grandísima en el pueblo, con un jardín enorme. Diego tenía un montón de amigos y con ellos salía todos los días.

Bueno, en el pueblo también había cosas que eran un rollo[2]. Por ejemplo, a veces el móvil no tenía cobertura, y si hacías algo, en pocas horas lo sabía todo el mundo, porque había mucho cotilleo … Diego recordaba cuando era pequeño y todos los chicos estaban siempre en la plaza y jugaban juntos. Ahora todo era diferente: aunque tenía una habitación para él solo, la familia vivía en un piso bastante pequeño en el centro de la ciudad, en un barrio donde había demasiados coches y mucho ruido.

La primera semana en Madrid Diego y su familia visitaron la Plaza Mayor, el Parque del Retiro, la Puerta del Sol y el primer domingo fueron al Museo del Prado.

Aunque la ciudad era interesante, Diego se sentía un poco triste y echaba de menos su vida en el pueblo. Para intentar animarlo[3], sus padres le dieron una sorpresa: ¡Un ordenador portátil[4] nuevo! Muy feliz, Diego por fin pudo conectarse a internet para chatear con sus amigos de México:

»Diego: Hoooola ☺

»Gael: ¡Por fin sabemos algo de ti! ¿Qué tal estás? ¿Te gusta España?

»Diego: Bueno, Madrid es una ciudad enorme. Claro, no es tan inmenso como México D. F., pero mucho más grande que nuestro pueblo. Ya hemos visto un montón de cosas … Acá hay de todo y mis padres quieren hacer mil cosas … ¡qué paliza! ☹

»Gael: ¡Hombre, no es para tanto! Además, apenas acabas de llegar a Madrid … A

---

1 el equipo *die Mannschaft*   2 ser un rollo *sehr langweilig sein*
3 animar a alg. *jnd. ermuntern*   4 el ordenador portátil *der Laptop*

nosotros también nos fastidia que ya no estés acá con nosotros, pero por lo menos tenemos nuestras computadoras para hablar todos los días ☺

»Diego: Es mejor que nada … Por lo menos podemos chatear, pero va a ser difícil platicar porque acá la hora es diferente y en México hay otros horarios …
Me gustaría estar ahí, con vosotros …

»Gael: ¡No te pongas triste! ¡Anda! Vas a ver que podemos hablar casi todas las noches ☺

»Diego: ¡Eso espero!

Después de charlar un rato, Diego apagó su ordenador y casi se echó a llorar cuando se acordó: «¡El lunes ya empiezan las clases en el instituto!».

3. El primer día de clase

Cuando sonó el despertador[1], Diego estaba cansado todavía, pero se levantó, se duchó y después desayunó con sus padres y con su hermana. A las ocho y cuarto salió de su casa con cara de mal humor pensando en sus cosas. Antes de abrir la puerta del edificio, una chica bajó corriendo muy deprisa y le preguntó:

Marcela: Perdona, ¿tienes hora?

Diego: ¡Sí, claro! Son casi las ocho y veinte.

Marcela: Gracias, es que no quiero llegar tarde el primer día de clase.

Diego: Claro … ¿estudias también en el Instituto San Blas?

Marcela: Sí. ¿Tú también? Eres nuevo aquí, ¿no?

Diego: Sí, llegamos la semana pasada de México …

---

1 el despertador *der Wecker*

Marcela: ¡Bienvenido! Por cierto, me llamo Marcela, ¿y tú?

Diego: Diego, me llamo Diego, vivo en el tercero izquierda …

Marcela: Pues, Diego, si no quieres llegar tarde el primer día de clase tenemos que darnos prisa.

Los dos vecinos fueron juntos en metro al instituto y cuando llegaron se dieron cuenta (¡qué casualidad!) de que estaban en la misma clase, 3°A.

A la salida del cole Marcela y Diego volvieron juntos a casa y más tarde quedaron en el parque con Pablo y Lucía, los amigos de Marcela. ¿Eran quizás aquellos chicos también sus nuevos amigos?

4. Un trimestre difícil

Pablo, Lucía y Marcela invitaban a Diego siempre que hacían algo juntos, pero él no tenía casi nunca ganas. Por las tardes prefería chatear con sus amigos mexicanos, que le contaban que hacían todos los días en Puerto Ángel después de las clases. Los padres de Diego se daban cuenta de que su hijo echaba mucho de menos a sus amigos. Estaba claro que le costaba aceptar que ya no vivía en México y, por eso, estaba un poco triste.

En noviembre hacía bastante mal tiempo en Madrid: hacía ya muchísimo frío y Diego se acordaba muchas veces de sus amigos, que iban todos los días a la playa.

En el instituto las cosas tampoco iban muy bien. En algunas asignaturas, por ejemplo en Mates y en Física, sus notas eran peores y sus padres ya estaban un poco preocupados[1].

---

1 preocupado/-a *besorgt*

Diego pasaba mucho tiempo en casa. Cada día, después de las clases en el instituto, llegaba a casa y encendía su ordenador para jugar o conectarse a internet. Aunque a veces también chateaba con Marcela, Pablo, Lucía y otros compañeros en el grupo de su nuevo instituto, muchas veces pasaba horas viendo fotos de sus amigos en México en la red social[2].

Una de esas tardes de noviembre en las que hacía tanto frío, Diego estaba sentado delante de su ordenador en su habitación y recibió un mensaje de una chica del instituto que se llamaba Claudia y que él no conocía.

Aquella invitación de amistad[3] fue una sorpresa. Diego no era un chico popular en el instituto; probablemente esa chica se equivocaba pero, sin embargo, Diego la aceptó:

»**ClaudiaMG:** Hola Diego

»**Diego:** Hola ☺

»**ClaudiaMG:** Tú no sabes quién soy. Voy a tu instituto, pero creo que tú no me conoces ... ¿Es cierto que eres de México?

»Diego: Sí, vivo en Madrid desde hace más o menos tres meses.

»ClaudiaMG: ¿Y qué tal? ¿Te gusta nuestro país? ¿Es tan bonito como México?

»Diego: México es precioso ... mola mucho☺

»ClaudiaMG: Y los madrileños, ¿somos tan simpáticos como los mexicanos?

»Diego: Jejeje, creo que eso es casi imposible ...

Los dos chicos charlaron casi dos horas sobre un montón de cosas y Diego se fue a la cama aquella noche un poquito más contento. Antes de cerrar los ojos pensó: *«¡Qué tía más guay!»*.

---

2 la red social *das soziale Netzwerk*   **3** la amistad *die Freundschaft*

5. El amigo invisible[1]

Al día siguiente Diego estaba de muy buen humor cuando llegó al instituto. La primera clase era Lengua Castellana, su asignatura favorita porque le encantaba su profe, Isabel Villar.

Después de la clase de Inglés, durante el recreo, Marcela y Diego fueron a la cafetería para comprar, como de costumbre, un bocadillo. Diego sonrió cuando vio a Claudia en un rincón con sus amigos. Claudia era alta y delgada, tenía el pelo moreno y bastante largo. Sus ojos negros llamaban la atención[2]. Diego pensó que era todavía más guapa que en las fotos de su perfil[3].

Cuando salieron de la cafetería los dos amigos pasaron muy cerca del grupito de Claudia, que charlaba y se divertía hablando del fin de semana. Diego la saludó levantando la mano, pero ella no reaccionó[4].

«¡Qué vergüenza!» pensó Diego. O él era invisible o aquella chica necesitaba en seguida unas gafas ...

Cuando Diego entró en su casa estaba tan harto del instituto que ni siquiera el olor de las enchiladas que preparaba su madre en la cocina cambiaron su humor. Muy deprisa se fue a su habitación y encendió su ordenador.

Diego estaba furioso, se sentía como un tonto … ¿Por qué era tan tímido? Le daba un montón de vergüenza … Claudia podía decir por lo menos

---

1 invisible *unsichtbar* **2** llamar la atención *die Aufmerksamkeit erregen* **3** el perfil *das (Benutzer)Profil* **4** reaccionar *reagieren*

«¡*Hola!*», ¿no? Poco después su madre lo llamó para comer. Mientras gritaba «¡*Ahora voy!*», Diego pensaba que las enchiladas no resolvían los problemas, pero sí podían ser la mejor medicina para olvidarlos.

Madre: Pareces un poco triste, ¿qué te pasa?

Diego: No me pasa nada, no te preocupes …

Madre: ¿Por qué tienes esa cara?

Diego: No es nada, mamá …

Madre: Te conozco bien, déjate de cuentos …

Diego: Me fastidia que todo sea tan difícil …

Madre: ¡Tranquilo! Todo va a ir bien, pero es importante que te pongas las pilas en el instituto.

Diego: ¡Estoy hasta las narices!

Madre: No te preocupes. ¡Anda! ¡Anímate!

Cinco minutos después del helado, Diego ya tenía sus manos otra vez sobre el teclado de su ordenador para chatear con sus amigos de México. En ese momento, de repente, una ventana se abrió en la pantalla:

»**ClaudiaMG:** Hola guapo ☺ ¿cómo estás? ☺

6. ¿Quién piensa en los deberes?

Diego no movió ni un dedo durante unos segundos. No comprendía nada: ¿le estaba Claudia tomando el pelo? Por fin, respondió:

»**Diego:** Hola

»**ClaudiaMG:** ¿Va todo bien?

»**Diego:** No sé … Hoy te he visto en el instituto …

»**ClaudiaMG:** ¿En serio?

»**Diego:** Sí, en la cafetería … te he saludado y no has contestado …

»**ClaudiaMG:** Perdona, ¡no te he visto!

»**Diego:** ¿Qué? No puede ser … estabas con tus amigos y me has mirado.

»**ClaudiaMG:** ¡No, qué va! Seguro que estaba medio dormida ☺

Después de explicarse y disculparse, Claudia consiguió animar a Diego y los dos chatearon toda la tarde. Él se alegró mucho de leer las palabras de su nueva amiga, que de verdad era muy maja, y le contó un mogollón de cosas sobre su pueblo en México. Claudia no sabía nada de las lenguas indígenas que se hablaban en su país, ni que Ciudad de México era mucho más grande que Madrid. Diego le explicó como celebraban[1] en su país el 1 de noviembre, el Día de muertos, y los chicos también hablaron sobre comida mexicana. Claudia le habló a Diego de sus series favoritas de televisión y de los Rolling Stones, su grupo de música preferido. Además, le contó a Diego algunos cotilleos interesantes del instituto. Cuando se despidieron, Diego se sentía mejor.

Claudia era muy popular en el instituto y Diego comprendía muy bien por qué le caía bien a todo el mundo, era simpática, divertida … ¡y muy guapa!

Ya era tardísimo cuando Diego apagó su ordenador para irse a la cama. Estaba tan cansado que no se dio cuenta de que no había hecho los deberes para el día siguiente.

---

1 celebrar *feiern*

7. ¡Hoy no es mi día!

Diego intentaba hacer cuidadosamente sus tareas todos los días, pero aquella mañana fue al instituto sin hacerlas.

En clase de Matemáticas empezaron los problemas, tuvo que hacer una actividad en la pizarra pero lo hizo todo fatal.

En Lengua Isabel, su profesora preferida, le echó una bronca porque no tenía los deberes y en clase de Física sacó un cero en el examen sorpresa.

A la salida del cole, Diego contaba sus penas a Pablo y Marcela cuando vio a Claudia con sus amigos, un grupito de siete u ocho chicos y chicas. Diego la miró y levantó la mano para saludarla, pero Claudia no respondió. *«¡Hoy no es mi día!»* pensó, y volvió a intentarlo. Su *amiga virtual* tampoco reaccionó esta vez. Claudia sólo lo miró con cara de no comprender nada. *«¡Basta ya! ¡Esto sí que no lo aguanto!»* pensó y se fue deprisa hacia ella.

Diego era normalmente muy tímido, por eso era increíble para un chico como él hacer algo así. Probablemente por culpa de su mal día actuó sin pensar.

Diego: Hola, te acabo de saludar, ¿o es que hoy tampoco me has visto?

Claudia, sin comprender muy bien qué pasaba, lo miraba perpleja:

Claudia: ¿Quién? ¿Yo? Perdón, pero creo que no te conozco …

Diego no podía creer lo que escuchaba.

Diego: ¿Cómo? Claro que me conoces … Ayer y anteayer chateamos en la red durante varias horas, ¿cómo puedes decir que no sabes quién soy?

Claudia: ¿Yo? Creo que te equivocas, yo me llamo Claudia …

Diego: Sí, lo sé: Claudia Malvárez García, tienes 14 años y tienes una hermana que se llama Cristina y tiene 12 años. Tú estás en 3° C y te encanta pasear con tu perra, que se llama Gretel …

Claudia se quedó con la boca abierta y todos sus amigos también miraron a Diego con cara de sorpresa.

Claudia: Pero … yo no te conozco, de verdad … ¿Cómo sabes todo eso sobre mí?

Uno de los amigos de Claudia, un chico alto y fuerte que jugaba en el equipo de fútbol del colegio y se llamaba Sergio, se acercó a Diego. Lo empujó y le gritó:

Sergio: ¿Quién eres tú? ¿Y cómo sabes todo eso sobre Claudia?

Claudia: ¡Tranquilo, Sergio!

Diego: Yo … yo … ayer y anteayer … chateamos en la red social … Claudia, tú me dijiste todas esas cosas … y que te encanta México …

Claudia: ¿Qué yo te he dicho qué? Yo nunca he chateado contigo … En serio, no sé quién eres …

Diego: ¡No puede ser!

Sergio: ¡Basta ya!

Diego: Pero …

Sergio: ¡Deja a Claudia en paz! ¡Fuera de aquí!

Claudia: ¡No! Espera, por favor …

Sergio se puso agresivo de nuevo, así que Diego se dio la vuelta y se largó de allí muy deprisa. Ya sólo quería terminar el peor día de su vida.

8. Más problemas

A la mañana siguiente, antes de entrar en clase, un chico que no conocía paró a Diego en el pasillo del instituto:

Hugo: ¡Oye, tú!

Diego: ¿Perdón? ¿Estás hablando conmigo?

Hugo: Sí, amiguito, estoy hablando contigo y es importante que me escuches bien porque sólo te lo voy a decir una vez: No quiero que te metas en la vida de Claudia.

Diego: ¿Qué? ¿Quién eres tú?

Hugo: Soy Hugo, un buen amigo de Claudia y espero que la dejes en paz.

Diego: Yo sólo he chateado con ella, nada más …

Hugo: Ella dice que no te conoce y ya está. No quiero que la molestes[1] más. ¿Lo has comprendido?

En ese momento llegó Isabel, la profe de Lengua, y Diego tuvo que entrar en el aula. Durante toda la hora no se pudo concentrar[2], pensando en lo que acababa de pasar.

Durante el recreo, Marcela quiso ir a la cafetería, pero Diego no quería acompañarla porque pensaba que allí podía estar Claudia con sus amigos.

Después de la última hora, Claudia lo esperaba delante de la puerta de su clase.

Claudia: Perdona, ¿te llamas Diego, verdad?

Diego: Pues sí, pero parece que tú no sabes quién soy …

Claudia: Mira, yo no sé qué ha pasado …

Diego: Yo tampoco, pero no quiero problemas con tus amigos, así que prefiero largarme.

Claudia: ¿Cómo? ¿De qué amigos hablas?

Diego: No merece la pena … pero aquí pasa algo raro[3]. No lo comprendo muy bien, pero te puedo decir que yo no estoy loco y que he chateado varias veces con una chica que tiene tu mismo nombre.

Claudia: ¡Eso es imposible!

Al final del pasillo, los dos vieron que se acercaban Sergio, Hugo y el resto de los amigos. Cuando Claudia se dio cuenta, Diego ya se había ido sin decir ni una sola palabra.

---

1 molestar *stören, belästigen*   2 concentrarse *sich konzentrieren*
3 raro/-a *seltsam, merkwürdig*

9. Chateando con la verdadera Claudia

Cuando llegó a casa, Diego estaba harto y sólo tenía ganas de charlar con Gael o con Ernesto. En cambio, cuando encendió su ordenador se encontró con un mensaje y una invitación nueva de una chica con el nombre **Claudia Malvárez:**

»**Claudia:** Soy Claudia, DE VERDAD. ¿Podemos hablar?

Diego dudó[1] un rato. ¿Qué debía hacer? Como de costumbre, hizo lo que no quería hacer realmente:

»**Diego:** ¿Claudia?

»**Claudia:** Gracias por aceptar la invitación. Siento mucho lo que pasó ayer.

»**Diego:** Yo también. No tengo ganas de bronca, yo sólo he dicho la verdad, nada más.

»**Claudia:** Me gustaría hablar contigo. No entiendo nada.

»**Diego:** Ya hemos hablado. Primero pensé que había otra persona que se llama igual que[2] tú, pero es que también tiene tus fotos.

»**Claudia:** ¿Me estás tomando el pelo?

»**Diego:** ¡Claro que no!

»**Claudia:** ¿Pero cómo puede ser?

»**Diego:** Pues no sé, pero ten cuidado. Si tú no has chateado conmigo, imagino que alguien ha usado tu perfil en la red social.

»**Claudia:** ¿Pero por qué?

»**Diego:** No sé, hay gente que hace esas payasadas …

»**Claudia:** Los ordenadores no son mi fuerte. ¿Podemos quedar y hablar del tema cara a cara?

Media hora más tarde, Diego y Claudia se encontraron en el parque del barrio.

---

1 dudar *unschlüssig sein, zweifeln* 2 igual que *genauso wie*

10. ¡A mí no me parece gracioso!

Diego llevó su ordenador portátil al parque para enseñar a Claudia la página del chat en la red social. Él no era un mentiroso[1] y quería dejar todo muy claro.

Cuando los dos estaban sentados en un banco, Diego encendió su portátil y la pantalla mostró una foto de una playa preciosa, con un sol enorme en el cielo y el agua del mar muy azul.

Claudia: ¡Qué pasada! ¿Dónde es eso?

Diego: Es Cancún, donde veraneaba con mis padres casi todos los años cuando vivíamos en México.

Claudia: ¡Cómo mola! Aquí en Madrid no tenemos playa …

Diego: Ni muchas otras cosas de las que ya he hablado contigo … Bueno, con la otra Claudia.

Claudia: Jejeje, ¡conmigo seguro que no! La verdad es que casi es gracioso …

Diego: ¿Gracioso? A mí no me parece divertido. Ayer tu amigo se puso muy agresivo conmigo.

Claudia: ¿Sergio? Bueno, es que … fuimos novios durante algunos meses y a veces se pone un poco nervioso cuando me ve con otro chico. Sólo quiere protegerme.

Diego: Y él no es el único. Hoy tu amigo Hugo ha venido a hablar conmigo y quiere que te deje en paz.

Claudia: ¡No te preocupes! Hugo tampoco es peligroso, es un chico muy majo. Me ha explicado un montón de veces los deberes de Mates y también me ayudado siempre que he tenido problemas con algún virus en mi ordenador.

Diego: ¿Qué? ¿Tu ordenador?

Claudia: Bueno, sí, lo ha reparado[2] algunas veces. ¿Por qué?

Diego: Pues, si Hugo ha usado tu ordenador …

Claudia: ¿Qué pasa?

Diego: Imagino que nada, pero ahí lo tienes: ya conoces a tu primer sospechoso[3].

---

1 el / la mentiroso/-a *der / die Lügner/in*   2 reparar *reparieren*
3 el / la sospechoso/-a *der / die Verdächtige*

11. Información, ¿privada?

Diego le contó a Claudia que en un ordenador hay información privada que otras personas pueden usar. Los dos chicos leyeron el chat de los últimos días y Diego le mostró las fotos de la otra Claudia.

Claudia: ¡Qué fuerte! ¡Esas son mis fotos, pero no es mi perfil!

Diego: Está claro que alguien las ha robado.

Claudia: ¡Qué palo! Yo sólo uso el ordenador para navegar en internet. Claro, algunas veces también busco información para hacer los deberes o juego, pero sobre todo chateo con mis amigos.

Diego: Yo tenía un profe en México que siempre decía que internet no es malo, pero la gente que lo usa sí … Los profes son unos pesados, pero esta vez tienen razón.

Claudia: Ya, nuestros profes también nos dan siempre la lata con ese tema … Yo no tengo ni idea de informática y no sé quién me puede ayudar …

Dos minutos más tarde los dos chicos caminaban juntos hacia la casa de Claudia.

12. Una vecina muy rara

Cuando Diego y Claudia llegaron, una chica estaba sentada delante de la puerta de la casa jugando con su móvil. Claudia se puso un poco nerviosa cuando la vio allí y le dijo a Diego bajando el volumen:

Claudia: Es Alicia, mi vecina. También va al Instituto San Blas, pero es un poco rara …

Cuando abrieron la puerta, Alicia también se levantó y fue detrás de ellos hasta el ascensor[1]. Se subió también. Claudia tocó el número 3 y su vecina, después de un ratito, marcó[2] el número 5. Alicia era una chica bajita, muy delgada, tenía el pelo rizado muy negro y llevaba una camiseta de los Rolling Stones. En todo el tiempo que estuvieron en el ascensor, hubo un silencio total. Alicia miraba a Diego con atención[3] pero no dijo nada hasta que llegaron

---

1 el ascensor *der Aufzug, der Fahrstuhl* **2** marcar *hier: wählen, angeben*
3 con atención *aufmerksam*

al piso número 3, cuando se despidió con un tímido «Hasta luego».

Claudia: Jo, que tía más rara, yo creo que está medio loca …

Diego: ¿Por qué dices eso? No creas que todos somos como tú.

Claudia: ¿Has visto que piso ha marcado?

Diego: Sí, claro, el número 5.

Claudia: Justo, el problema es que ella vive en el segundo.

13. La hermanita pesada de Claudia

Claudia gritó «*¡Hola mamá!*» poco después de abrir la puerta, ya en el pasillo de su casa. En ese momento Cristina, su hermana pequeña, salió corriendo de la habitación de Claudia.

Claudia: ¡Cristina! ¿Otra vez? ¿Cuantas veces te he dicho que no quiero que entres en mi habitación?

Cristina: Tranquila, ya me largo, sólo quería ver si tenías tú mi diccionario de alemán.

Claudia: ¡Siempre lo mismo! Sabes que me molesta que te metas en mis cosas y mamá ya te ha repetido un millón de veces que está prohibido que entres ahí si yo no estoy en casa ….

Cristina: Vale, vale … No es para tanto …

Claudia: ¡Qué tía más pesada!

Claudia presentó a Diego a su madre con una mentira pequeña, porque le dijo que había venido para ayudarle con los deberes de Mates. No quería

contar todavía en casa su problema en la red social. En la habitación de Claudia, los dos chicos se sentaron delante de su escritorio, donde estaba el ordenador. Lo encendieron y entonces Diego se quedó perplejo:

Diego: Mira Claudia, toca tu ordenador. ¿Sientes el calor? Creo que tu hermana lo ha usado. Parece que lo acaba de apagar hace pocos minutos.

14. Una clave de acceso[1] segura

Los padres de Claudia le echaron una bronca a Cristina por usar su ordenador y se quedó dos días sin salir de casa como castigo.

La habitación de Claudia no era muy grande pero a Diego le gustó. Además de su cama y un armario bastante grande, había un escritorio al lado de la ventana y a su derecha una estantería con muchos libros, CDs y DVDs de películas o series americanas. En las paredes había un póster muy grande de los Rolling Stones y también colgaban muchas fotos de Claudia con sus amigos, en la playa, en Barcelona, en una fiesta bailando con un montón de chicos y chicas ...

Encima de su escritorio estaba su ordenador. Claudia y Diego se sentaron en dos sillas y miraron el monitor:

---

1 la clave de acceso *das Passwort*

Diego: ¿Por qué no tienes una palabra clave de acceso?

Claudia: Pues, no sé … Tengo una para mi correo², y para la red social. Creía que ya era seguro de sobra.

Diego: Imagino que por lo menos la clave no es fácil de descubrir. Espero que no sea tu fecha de cumpleaños, el nombre de tu perra o algo así …

Claudia se puso roja como un tomate. Diego se dio cuenta.

Claudia: Pues … la verdad es que sí. Ya sé que es importante que la clave tenga por lo menos 10 letras o números …

Diego: Por supuesto, debe ser fácil para no olvidarla, hay que aprenderla de memoria …

Claudia: Claro, pero tampoco hay que exagerar …

Diego hizo un examen completo del ordenador de Claudia para terminar con los virus y estar seguro de que podían navegar sin problemas. Claudia cambió entonces sus claves de acceso.

Diego: Vale, ahora vamos a ver si tu perfil en la red social es seguro.

Claudia: Muy bien … aquí está.

Diego: ¿432 amigos? ¡Alucinante! ¿Los conoces de verdad a todos?

Claudia: Bueno, a casi todos …

Diego: ¿Y quién puede ver tus fotos? Todo el mundo dice que la red es igual que un periódico …

Claudia: ¿Qué?

Diego: Bueno, mucha gente piensa eso: si te molesta ver una foto tuya en el periódico, entonces, ¡no la pongas en la red social!

Claudia: ¡No es lo mismo!

Diego: Claro, no es lo mismo, pero ya ves que alguien ha robado tus fotos sin ningún problema … Probablemente ni siquiera es necesario que tengan tu clave, porque todo el mundo puede ver tus fotos, ¿no?

El silencio de Claudia significaba que sí.

---

2 el correo *die Post, hier: die E-Mails*

15. Cuando la policía no puede ayudar

En el perfil falso había, además de muchas fotos de la Claudia verdadera, un montón de información personal. Algunos datos eran correctos, otros estaban incompletos[1] y la mayoría eran simplemente mentira. ¿Quién podía creer que Claudia ya había tenido con 14 años tantos novios?

Poco a poco Claudia comprendió que había sido muy imprudente. Al día siguiente habló con la profesora Isabel Villar y después con sus padres. Esa misma tarde llamó a la policía, pero no tuvo mucha suerte.

Policía: Es casi imposible que descubramos a la persona que ha hecho ese perfil falso. Es muy difícil seguir las huellas[2] en la red. Podemos intentarlo, pero es una tarea interminable. Dudo que podamos hacer algo para ayudarte. ¡Lo siento!

Claudia no sabía muy bien qué hacer. Tenía sus propias ideas e imaginaba quiénes podían ser responsables de su perfil falso, pero ella sola no podía resolver aquel problema.

Al día siguiente, después del recreo, Claudia volvió a esperar a Diego delante de su clase:

Claudia: Diego, he hablado con Isabel y con la policía. Dicen que no pueden hacer nada. ¿Qué debo hacer? Así no puedo seguir. Por favor, Diego, es necesario que me ayudes …

Diego: ¿Yo? ¿Por qué no le preguntas a tus amiguitos? Seguro que Sergio o Hugo están deseando[3] ayudarte …

Claudia: Sergio no sabe mucho de ordenadores y, la verdad, creo que ya no confío[4] en Hugo.

Diego: Claudia, a mí no me gusta investigar misterios[5] ni jugar a los detectives …

Claudia: Por fa, Diego …

Diego: Claudia, a mí esto no me va nada …

Claudia: ¡Anda! ¡Hazlo por mí!

Diego pensó que era imposible decir que no a una chica como Claudia.

---

1 incompleto/-a *unvollständig* 2 la huella *die Spur* 3 desear *wünschen*
4 confiar *vertrauen* 5 el misterio *das Geheimnis, das Rätsel*

16. ¿Qué podemos hacer?

Finalmente, y aunque no tenía ganas de líos[1], Diego quedó con Claudia después de las clases para ayudarla.

Al salir del instituto, mientras esperaba a Claudia para ir en metro a su casa, Diego vio a Alicia sentada contra la pared en una esquina, con la mochila entre sus piernas.

La vecina del segundo piso llevaba unas zapatillas de deporte rojas, un pantalón negro y una camiseta de una serie de televisión americana muy

famosa. Escuchaba música en su móvil. Cuando Diego la miró, Alicia se dio cuenta, se levantó muy despacio y se fue.

Dos minutos más tarde llegó Claudia:

Diego: Acabo de ver a tu vecina Alicia, estaba ahí sola, en esa esquina hace unos minutos.

Claudia: Ya te he dicho que es muy rara, parece que no tiene muchos amigos.

Diego: Ya lo sé; pero yo tampoco …

Claudia: Bueno, pero eso es diferente: tú acabas de llegar de México. Además, tú no eres raro.

Diego: No sé … pero lo que importa ahora es pensar qué vamos a hacer.

Claudia: ¿Tienes ya alguna idea?

Diego: Bueno, he pensado que podemos intentar chatear de nuevo con la Claudia falsa, a ver qué pasa. Para empezar, es mejor que nada …

Claudia: Vale. ¿Vamos a mi casa para ver si «mi otro yo» está conectado?

Mientras iban en metro a casa de Claudia, los dos chicos preparaban su plan y sus preguntas-trampa[2] para descubrir a la Claudia falsa.

---

1 el lío *das Durcheinander*
2 la pregunta-trampa *die Fangfrage*

17. Sergio ha estado aquí

Cristina abrió la puerta con cara de sorpresa cuando vio a Diego otra vez con su hermana. Claudia se había enfadado mucho con ella por usar su ordenador y el ambiente[1] en casa estaba todavía un poco raro. Cristina saludó e intentó ser simpática:

Cristina: ¡Hola, Diego! ¡Hola, Claudia!

Diego: ¡Hola, Cristina!

Cristina: Claudia, te he dejado una nota encima de tu escritorio …

Claudia: ¿Qué? ¿Has entrado otra vez en mi habitación?

Cristina: Sí, bueno … es que …

Claudia: ¡No me lo puedo creer! ¿Pero esta niña es tonta?

Cristina: Espera… Es que ha venido Sergio a casa porque quería hablar contigo cara a cara, y ya sabes la opinión de papá sobre él. Pensé que no querías que papá y mamá …

Claudia: ¿Cómo? ¿Sergio ha estado aquí?

Cristina: Sí, estaba muy raro. Quería saber dónde estabas. Hemos charlado un ratito. Se ha puesto muy nervioso al hablar de que habías ido a la policía …

Claudia: ¿Le has dicho eso?

Cristina: Sí, bueno … No es un secreto², ¿no? Fue tu novio, pensé que lo sabía todo sobre ti …

Claudia: Tú misma lo has dicho: FUE mi novio, pero ya no lo es.

Cristina: Lo siento, yo pensé que él sólo quería ayudar …

Diego: ¿Ha entrado también Sergio en la habitación de Claudia?

Cristina: ¡Claro que no! Se ha ido. No quiere llamarte por teléfono, ha dicho que prefiere hablar contigo personalmente. Ha dicho que probablemente va a volver más tarde, antes del partido de fútbol de esta noche.

---

1 el ambiente *hier: die Stimmung*
2 el secreto *das Geheimnis*

18. Chateando con … ¿Claudia?

Cristina salió a casa de una amiga y Claudia y Diego entraron en la habitación. Vieron el mensaje sobre la mesa y encendieron el ordenador.

Claudia: ¿Qué crees que quería Sergio?

Diego: No tengo ni idea, pero está claro que quiere decirte algo importante …

Claudia: Y mi hermana ha estado otra vez en mi habitación. ¿Es tan difícil de entender?

Diego: Imagino que quería hacerte un favor …

Los chicos abrieron la página de la red social y Diego entró en su perfil. Claudia trajo unas bebidas y los chicos prepararon su plan. Después de unos minutos los dos vieron un nombre en la pantalla y se miraron:

`Claudia MG` acaba de conectarse.

Era el momento de descubrir quién se escondía detrás de aquel perfil falso.

`»Diego:` Hoooola 😊

19. Tu otro yo

Claudia estaba sentada al lado de Diego y apenas podía creer que en ese mismo momento otra persona con su nombre hablaba con su amigo desde un perfil con su propia foto:

»**ClaudiaMG:** ¡Hola Diego!

»**Diego:** ¿Qué tal? ¿Has ido a clase? Es que hoy no te he visto …

»**ClaudiaMG:** Yo sí te he visto, pero tenía muchísima prisa.

»**Diego:** ¡Qué pena! Porque tenía un montón de ganas de hablar contigo.

»**ClaudiaMG:** ¡No importa! Podemos hablar ahora …

Los dos chicos se miraron. Claudia dijo la primera idea de su plan y Diego escribió:

»**Diego:** Vale ☺ Espero que no tengamos problemas, porque mi tarjeta gráfica[1]

---

1 la trajeta gráfica *die Grafikkarte (Computer)*

se ha estropeado, quizás puedes ayudarme
tú …

»**ClaudiaMG:** ¿Yo? Lo siento, pero yo no
tengo ni idea de ordenadores, ni siquiera sé lo que es una tarjeta gráfica☺

Claudia sonrió y le dijo a su amigo la siguiente idea
del plan:

Claudia: Ahora escribe sobre el partido …

»**Diego:** ¡Qué mala suerte! Bueno, da igual²,
pero tenemos por lo menos tiempo hasta la
hora del partido.

»**ClaudiaMG:** ¿Partido? ¿Quién juega hoy?

»**Diego:** ¿En qué mundo vives? Hoy juegan el
Real Madrid y el Borussia Dortmund.

»**ClaudiaMG:** Ni idea, el fútbol no me gusta …

»**Diego:** A mí tampoco, prefiero ver pelis o
series, pero hoy he quedado con un amigo.

»**ClaudiaMG:** Comprendo☺ A mí también me
encantan las series.

»**Diego:** ¡Qué casualidad! Para mí las mejores son las de aventuras y misterio …

»**ClaudiaMG:** ¡Qué fuerte! Justo hoy llevo

una camiseta de «Detectives profesionales». Mola un montón.

»**Diego:** ¿En serio? Es mi serie favorita.
Tenemos que verla juntos.

»**ClaudiaMG:** Me gustaría mucho.

Después de charlar un rato más, Diego se despidió:

»**Diego:** Ahora te tengo que dejar, porque ya
viene mi amigo.

»**ClaudiaMG:** Vale, espero que gane el Real
Madrid.

»**Diego:** Seguro ☺ ¡Adiós!

»**ClaudiaMG:** Salu2

Diego apagó el ordenador, miró a Claudia y sonrió:

Diego: Claudia, ya tenemos a tu otro yo.

Claudia miró a Diego con cara de sorpresa porque
ella todavía no estaba completamente segura.

Claudia: Espera, no tan rápido …

---

2 dar igual a/c a alg. *jdn. etw. egal sein*

Diego: Dudábamos entre cuatro sospechosos: tu hermana Cristina, tu ex-novio Sergio, tu amigo Hugo y tu vecina Alicia.

Claudia: Exacto. Tanto mi hermana Cristina como Sergio sabían que hoy es el partido del Real Madrid. La Claudia falsa no lo sabía …

Diego: ¡Justo! O sea que solo quedan Hugo y Alicia.

Claudia: Vale. Si pensamos que Hugo es de verdad un experto en ordenadores, seguro que sabe lo que es una tarjeta gráfica …

Diego: Así que sólo nos queda Alicia …

Claudia: Bueno, pero no tenemos pruebas.

Diego: Sí. Ella misma nos lo ha dicho sin querer. La otra Claudia ha escrito en el chat que hoy llevaba una camiseta de «Detectives profesionales».

Claudia: ¿Y? Yo no la llevo hoy, pero tengo una camiseta de la serie en el armario, ¿quieres que te la enseñe?

Diego: No es necesario. Adivina[3] quién llevaba hoy una camiseta igual.

---

3 adivinar *(er)raten*

20. Amigos en el mundo real

Aunque era imposible demostrar[1] nada y no tenían pruebas contra ella, Claudia se quedó más tranquila cuando supo que era Alicia quien había tomado su identidad.

Después de pensarlo mucho y hablar con sus padres del tema, decidió[2] no ir otra vez a la policía. Al día siguiente Claudia y Diego volvieron a chatear con ClaudiaMG y descubrieron su mentira. Durante la conversación los chicos intentaron recibir una explicación y una disculpa[3], pero la Claudia falsa cortó la conexión[4] de repente sin responder a sus preguntas. Pocos minutos después ya no existía el perfil falso en la red social.

Alicia no era una mala chica, pero era muy tímida. Claudia y Diego pensaban que usando el perfil

---

1 demostrar *hier: beweisen*   2 decidir *entscheiden, beschließen*
3 la disculpa *die Entschuldigung*   4 cortar la conexión *die Verbindung abbrechen*

falso de Claudia ella sólo quería tener todos los amigos que no llegaba a tener en la vida real. Diego creía que Alicia simplemente intentaba ser como su vecina y por eso compraba la misma ropa, escuchaba los mismos cedés o veía las mismas series. Probablemente ella solo quería ser popular y tener muchos amigos. Como en la vida real era imposible, lo intentó en la red robando la identidad de su vecina.

Después de despedirse de Claudia, cuando Diego llegó a casa aquella tarde decidió no encender el ordenador. Cogió el teléfono y llamó a Marcela y pensó: *«Los amigos en internet nunca van a poder sustituir[6] a los amigos de verdad»*.

FIN

---

6 sustituir *ersetzen*